Cornelia Funke

Tiergeschichten

Zeichnungen von der Autorin

Der Umwelt zuliebe ist dieses Buch
auf chlorfrei gebleichtem Papier gedruckt.

ISBN 3-7855-3078-1 – 6. Auflage 2003
© 1997 Loewe Verlag GmbH, Bindlach
Umschlagillustration: Cornelia Funke
Gesamtherstellung: L.E.G.O. S.P.A., Vicenza
Printed in Italy

www.loewe-verlag.de

Salambos Kinder 9
Elefanten wissen, was sie wollen . . . 18
Tiger und Leo 29
Wer kümmert sich um Kalif? 38
Der Fliegenfreund 45
Grizzlys neuer Zweibeiner 49

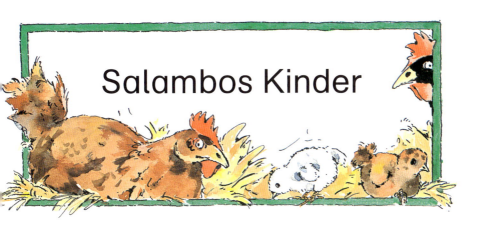

Salambos Kinder

Oma rief an, als Luisa an den Schularbeiten saß.

Luisa hielt den Hörer ein Stück von ihrem Ohr weg, weil Oma immer ins Telefon brüllte.

„Beeil dich, Süße!", rief Oma. „Sie kommen!"

Da ließ Luisa den Hörer fallen und rannte los. Ohne den Füller zuzumachen, ohne sich die Jacke anzuziehen.

„Sie kommen!", rief sie Mama zu, sprang in großen Sätzen die Treppe runter, schnappte sich ihr Fahrrad und raste davon. Völlig atemlos kam sie vor Omas Gartentor an.

Der Stall lag am Ende des Gartens, unter den hohen Holunderbüschen. Leise öffnete Luisa die Tür und schlich hinein.

Im Stall war alles anders als sonst. Ein Absperrgitter teilte die hintere Hälfte ab. In ihr drängten sich Omas wunderschöne Hennen. Furchtbar aufgeregt waren sie, hackten gegen den Draht, scharrten mit den Krallen im Stroh und gackerten so zornig, wie Luisa sie noch nie gehört hatte.

„Sie sind eifersüchtig", sagte Oma, die neben der Tür im Stroh saß. Lächelnd zog sie Luisa zu sich auf den Schoß. Das tat sie immer, obwohl Luisa schon so groß war, dass sie ihr bis zum Busen reichte.

„Da, guck!" Oma zeigte auf ein Holznest, das im Stroh kaum zu erkennen war. Eine braune Henne saß darin, getrennt von allen andern. Es war Salambo, Luisas Lieblingshenne.

„Ist schon eins da?", flüsterte Luisa.

Oma nickte und ging vorsichtig auf das Nest zu. Beruhigend streichelte sie Salambo die braunen Federn. Dann griff sie ins Nest und hob behutsam ein kleines zwitscherndes Etwas heraus.

Luisa hielt die Luft an.

Oma setzte ihr das Küken vorsichtig in die Hand. „Leg deine andere Hand wie eine Decke drüber. Du wirst sehen, dann wird es ganz ruhig."

Luisa hatte immer geglaubt, alle Küken seien gelb, aber dies hier war braun

gesprenkelt. Hektisch pickte es mit seinem winzigen Schnabel an Luisas Fingern, aber als sie ihre Hand über seine Flügelchen legte, wurde es ganz still – wie Oma gesagt hatte.

Wunderwunderschön fühlte das Küken sich an. Leicht und weich, als bestünde es nur aus Federn. Ein ganz bisschen feucht waren die Federn noch. Die Füßchen kitzelten Luisas Hand.

Sie lugte durch ihre Finger. Wie in einer Höhle saß das kleine Ding da und kuschelte sich in ihre Handfläche.

Oma ging zurück zum Nest, streichelte Salambo und sah nach den übrigen Eiern. „Na bitte", sagte sie. „Da sind noch zwei geschlüpft. Ein geschecktes und ein weißes. Mal sehen, wer im letzten Ei steckt."

Eins nach dem anderen hob Oma die Küken aus dem Nest und setzte sie ins Stroh. Wie aufgezogen fingen sie an herumzutrippeln, piepsten und pickten, als wären sie schon seit vielen, vielen Tagen auf der Welt.

Die anderen Hennen starrten durch das Absperrgitter, als wollten sie die Küken auffressen. Immer wieder hackten sie gegen den Draht, scharrten und gackerten. Manche versuchten sogar ihre Köpfe durch die engen Maschen zu zwängen. Zwei kletterten die Leiter zu den Nestern hinauf, hüpften in die Holzkästen und rollten mit den Kalkeiern, die Oma immer hineintat, damit die Hennen ihre Eier dazulegten. Beunruhigt sah Luisa zu ihnen rüber.

„Tja. Können einem fast Leid tun, die Ärmsten", seufzte Oma. „Sie hätten auch gern Küken, weißt du? Aber daraus wird nichts, ihr Lieben."

Luisas Oma hatte nämlich keinen Hahn. Die Eier, die Salambo ausbrütete, hatte sie von einem Bauernhof geholt. Für Luisa. Damit sie mal sehen konnte, wie Küken schlüpfen.

„Lass deins jetzt auch ein bisschen laufen", sagte Oma.

Vorsichtig setzte Luisa das Küken auf den Boden. Sobald sie die Hand wegnahm, flitzte es los. Piepsend und pickend.

Das letzte Küken schlüpfte eine halbe Stunde später. Es war pechschwarz.

Oma stellte Kükenfutter hin. Dann versorgte sie Salambo mit Wasser und Futter und setzte sie zu ihren Kindern ins Stroh. Richtig wackelig war die Henne

noch auf den Beinen. Schließlich hatte sie wochenlang auf den Eiern gehockt. Nur zum Fressen war sie aus dem Nest geklettert und auch das oft nur, wenn Oma sie heraushob.

Als es draußen dunkel wurde, krochen die Küken unter Salambos Gefieder, bis nur noch vier kleine Köpfchen herausguckten. Luisa hätte stundenlang dasitzen und sie nur anschauen können.

Aber Oma sagte, dass Salambo und ihre Kinder jetzt ein bisschen Ruhe bräuchten. Die anderen Hennen hatten sich beruhigt und saßen leise gackernd auf ihren Stangen, die Köpfe im Gefieder. Da schlichen Oma und Luisa sich aus dem Stall.

„Kann ich morgen wiederkommen?", fragte Luisa. „Gleich nach der Schule?"

„Sicher", sagte Oma. „Du musst den Kleinen doch Namen geben."

Und das tat Luisa. Das gescheckte Küken, das in ihrer Hand gesessen hatte, nannte sie Mia, das weiße Wölkchen, das schwarze Pips und das vierte Sophie, weil so ihre beste Freundin hieß.

Elefanten wissen, was sie wollen

An einem regnerischen Samstagnachmittag, als Anna vor Langeweile an den Fingernägeln kaute, schlug Papa vor in den Zirkus zu gehen.

„Sind da Löwen?", fragte Anna besorgt.

„Bestimmt nicht", sagte Papa. „Höchstens ein paar Ziegen. Wie wär's, wenn wir Inga mitnehmen?"

Inga war Annas beste Freundin. Sie wohnte nebenan und wollte gern mitkommen.

Der Zirkus war sehr klein. Viel zu klein für Löwen.

Aber das Zelt war wunderschön. Es war gemütlich, auf den bunten Bänken zu sitzen und der Schlangenfrau und dem Feuerspucker zuzusehen, während draußen der Regen auf die Zeltplane prasselte.

Es gab Ponys, zahme Ziegen, eine Riesenschlange und einen starken Mann, der seine Kinder in die Luft warf.

Inga und Anna waren entzückt. Sogar über die Clowns mussten sie lachen – obwohl Anna Clowns eigentlich unheimlich fand. Ja, und dann kam die Elefantenfrau Bella. Riesengroß stapfte sie in die Manege. Auf dem Kopf hatte sie eine Federkappe und im Rüssel trug sie ein Fähnchen, mit dem sie den Zuschauern zuwinkte.

Als sich der Zirkusdirektor vor ihr verbeugte, warf sie das Fähnchen weg und schüttelte ihm mit dem Rüssel die Hand. Dann führten die zwei unglaubliche Kunststücke vor. Am tollsten fand Anna das, wo der Zirkusdirektor sich auf den Boden legte und Bella sich ganz, ganz vorsichtig mit dem Bauch auf ihn drauflegte. Inga traute sich erst wieder Luft zu holen, als die Elefantenfrau aufstand. Aber der Zirkusdirektor sah kein bisschen platt gedrückt aus.

„Sehr verehrte Damen und Herren!", rief er. „Die Artisten machen jetzt eine kleine Pause, aber Bella lädt alle Kinder zu einem Ritt durch die Manege ein."

„Das wollt ihr doch bestimmt nicht, oder?", fragte Papa. „Ich hol uns lieber Würstchen."

Inga und Anna sahen sich an. „Nee", sagte Anna. „Wir wollen lieber auf Bella reiten."

Papa guckte die Mädchen an, er guckte den riesigen Elefanten an – und seufzte.

Als sie neben Bella in der Manege standen, sah die Elefantenfrau wirklich riesenriesengroß aus. Aber der Zirkusdirektor hob die beiden Mädchen – schwups – in die Luft und schon saßen sie auf dem Elefantenrücken, Anna vorn und Inga hinter ihr. Ganz fest schlang sie ihre Arme um Annas Bauch.

Nachdem der Direktor noch zwei Jungs und ein Mädchen auf den Elefanten gesetzt hatte, schnalzte er mit der Zunge. Bella hob den Rüssel, trompetete und stapfte los.

Es war wunderbar. Annas Bauch fühlte sich an, als ob tausend kleine Käfer darin herumkrabbelten, so aufgeregt war sie. Sie konnte überhaupt nicht aufhören zu kichern. Ihr Vater und die anderen Erwachsenen sahen aus wie Zwerge. Anna streichelte der Elefantenfrau den Kopf. Ganz haarig war der.

„Eine Runde noch!", rief der Zirkusdirektor.

„Och, schade!", flüsterte Inga hinter Annas Rücken. „Das schaukelt wunderbar, nicht?"

Anna nickte.

Mit schwankenden Schritten umrundete Bella noch einmal gemächlich die Manege. Aber plötzlich, als sie am Eingang vorbeikam, drehte sie sich um und marschierte nach draußen.

Ein furchtbares Geschrei brach los. Der Zirkusdirektor rannte mit wedelnden Armen hinter ihr her, brüllte und verlor seinen Hut vor Aufregung. Aber Bella lief immer schneller. Über die große Wiese, auf der das Zelt stand, vorbei an den Ponys und Ziegen, bis sie an der Straße stand.

„Haaaalt, Bella!", hörte Anna den Direktor brüllen. „Halt!"

Da hob Bella den Rüssel, winkte ihm zu und überquerte die Straße. Ein Autofahrer, der ahnungslos aus einer Seitenstraße kam, bremste gerade noch vor Bellas dicken grauen Knien.

Die Elefantenfrau guckte überrascht auf den Blechkäfer hinab, klopfte mit dem Rüssel auf die Haube und lief weiter – in eine Straße mit hohen Bäumen an den Seiten.

Anna, Inga und die anderen Kinder lachten. Sie hatten kein bisschen Angst da oben auf dem breiten Elefantenrücken. Endlich waren sie es mal, die den andern auf den Kopf guckten. Das Einzige, was ein bisschen störte, war der Regen. Als ihnen ein Fußgänger entgegenkam, nahm Bella ihm den Regenschirm ab und hielt ihn sich mit dem Rüssel über den Kopf. Der Mann starrte sie mit offenem Mund an.

„Mund zu, sonst regnet es rein!", rief Inga.

Und Bella trompetete. So laut, dass es durch die ganze Straße schallte.

Durch viele Straßen trug Bella die Kinder. Aber dann kamen sie an einem Gemüsegeschäft vorbei, vor dem Kisten voll Kohl, Salat und Obst standen.

Bella fraß und fraß und fraß – bis plötzlich ein Polizeiwagen neben ihnen hielt. Heraus sprang der Zirkusdirektor. Tränen liefen ihm die Backen herunter.

„Bella!", rief er. „Ach, Bella, da bist du ja! Ist dir auch nichts passiert, meine Dicke?"

„Bella geht's gut!", rief Anna nach unten. „Aber wir sind ziemlich nass. Könnten Sie uns wohl runterholen?"

Natürlich konnte das der Zirkusdirektor. Er bezahlte dem Gemüsehändler die leer gefressenen Kisten und dann führte er Bella durch die vielen Straßen zurück zum Zirkus. Die Kinder fuhren im Polizeiwagen hinterher.

Annas Vater war natürlich schrecklich froh, als er Inga und Anna heil zurückbekam. Eltern sind nun mal so. Wenn ihre Kinder auf Elefanten herumreiten, machen sie sich Sorgen. Obwohl das doch nun wirklich nicht gefährlich ist.

Tiger und Leo

Jans Hund hieß Tiger. Sein bester Freund Max fand, dass das ein alberner Name war für einen kleinen schwarzen Hund, aber der hatte sowieso immer was zu meckern.

Tiger war faul und verfressen, bellte den Briefträger und die Mülleimerleute an, bis er heiser war, lag auf dem Sofa, obwohl Mama es verboten hatte, und war für Jan der wunderbarste Hund, den er sich vorstellen konnte. Wenn er Schularbeiten machte, legte Tiger sich auf seine Füße. Und wenn er morgens aufstehen musste, zog Tiger ihm die Decke weg und leckte ihm so lange die

Nase, bis er die Beine aus dem Bett streckte.

Jan und Tiger waren sehr glücklich miteinander. Bis Oma sich das Bein brach. Ja, damit fing der ganze Ärger an. Oma hatte einen dicken Kater namens Leo und der konnte natürlich nicht allein bleiben, während Oma mit ihrem Gipsbein im Krankenhaus lag. Was machte Mama also? Obwohl sie genau wusste, dass Tiger Katzen nicht leiden konnte?

Dass er ganz verrückt wurde, wenn er eine sah?

„Wir nehmen Leo", sagte sie. „Das wird schon klappen."

Gar nichts klappte!

Papa musste dauernd niesen, weil er die Katzenhaare nicht vertrug, und Tiger – Tiger hatte den ganzen Tag nichts anderes mehr im Kopf als den Kater.

Am ersten Tag lag Leo nur auf dem Wohnzimmerschrank und schlief. Das heißt, er tat so, als ob er schlief. In

Wirklichkeit blinzelte er zu Tiger hinunter, der stundenlang vor dem Schrank saß und zu Leo hinaufsah. Wenn der Kater fauchte, wedelte Tiger mit dem Schwanz. Und wenn der Kater das orangefarbene Fell sträubte, bellte Tiger. Stundenlang vertrieben die beiden sich so die Zeit. Nicht ein einziges Mal legte Tiger sich auf Jans Füße.

Am nächsten Morgen wurde Jan wie immer davon wach, dass jemand seine Nase leckte. Aber irgendwie fühlte die Zunge sich rauer an als sonst.

Verschlafen hob Jan den Kopf – und guckte in Leos bernsteinfarbene Augen. Dick und fett saß der Kater auf seiner Brust und schnurrte.

Die Zimmertür war zu und keine Spur von Tiger.

Können Kater Türen zumachen?

Leo schnurrte, grub seine Krallen ins Bett und rieb seinen dicken Kopf an Jans Kinn. Nett fühlte sich das an. Sehr nett.

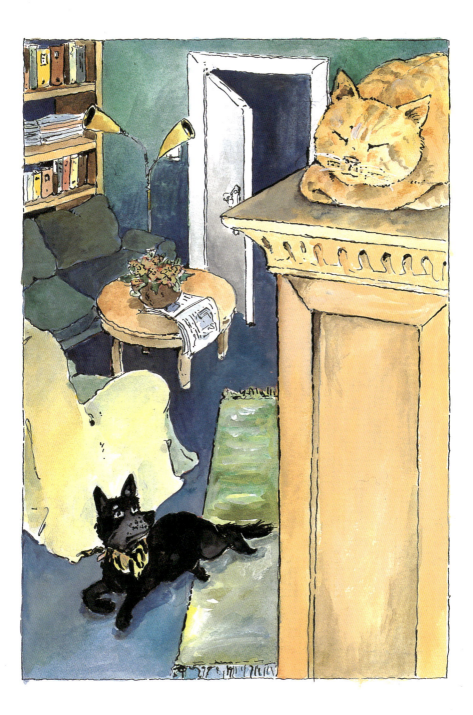

Obwohl Jan Katzen eigentlich nicht mochte.

Als Jan Leo hinter den Ohren kraulte, schnurrte der, als wäre ein kleiner Motor in seinem Bauch.

„Jan?" Mama machte die Tür auf. „Hast du Tiger ausgesperrt?"

Eine schwarze Fellkugel schoss durch Mamas Beine. Mit lautem Gebell sprang Tiger auf Jans Bett und fletschte die

kleinen Zähne. Fauchend fuhr Leo hoch, machte einen Buckel und rettete sich mit einem Riesensatz auf den Schreibtisch. Dann jagte Tiger Leo durch die Wohnung.

Mama und Jan konnten nur dastehen und sich die Ohren zuhalten. Bellend und fauchend rasten Hund und Kater vom Wohnzimmer in den Flur, vom Flur in die Küche und von der Küche zurück ins Wohnzimmer, wo Leo sich endlich mit gesträubtem Fell auf dem Schrank in Sicherheit brachte.

„O nein!", stöhnte Mama. „Nun sieh dir das an."

Die Blumentöpfe waren von den Fensterbrettern gefegt. Der Wohnzimmertisch war zerkratzt von Leos Krallen und auf dem Küchenfußboden schwammen kaputte Eier in einer Pfütze Gemüsesuppe. Tiger war gerade dabei, sie aufzuschlecken.

„Wie sollen wir denn bloß die nächsten drei Wochen überstehen?", fragte Mama. „Ich glaub, wir müssen den Kater doch ins Tierheim bringen."

„Nein!", rief Jan erschrocken. Er musste an Leos rauhe Zunge denken, an den Schnurrmotor und seine bernsteinfarbenen Augen. „Ich werd mich um die zwei kümmern, Mama. Heiliges Ehrenwort."

Und das tat er.

Jan gewöhnte den beiden an nebeneinander zu fressen. Das war nicht einfach, weil Tiger viel schneller fraß und dann Leos Futter klauen wollte. Er schlief mit Leo auf den Füßen und Tiger auf dem Kissen, auch wenn die zwei sich manchmal auf seinem Bauch rauften. Er legte Tiger eine Decke in seinen Korb, die nach Leo roch, und brachte dem Kater bei nicht gleich einen Buckel zu machen, wenn Tiger auch auf Jans Schoß wollte.

Es war Schwerstarbeit aus den beiden Freunde zu machen. Aber Jan schaffte es. Mit Streicheln, bis ihm die Finger prickelten, und vielen, vielen Hunde- und Katzenbrekkies als Bestechungsmittel.

Aber als dann eines Abends beim Fernsehen Leo seinen dicken Kopf auf Jans linkes Knie legte und Tiger seine schwarze Schnauze auf sein rechtes, da wusste Jan, dass sich die Mühe gelohnt hatte.

Wer kümmert sich um Kalif?

Warum trinken Erwachsene eigentlich so gern stundenlang Kaffee? Sie sitzen auf ihrem Hintern, rühren in ihren Tassen herum und reden über Dinge, die keinen interessieren.

Eines Nachmittags musste Alexa mal wieder mit zu so einem Kaffeetrinken. Bei Tante Irmtraud und Onkel Berthold. Furchtbar!

Als die Erwachsenen die zweite Torte in sich reinstopften, schlüpfte Alexa aus dem Wohnzimmer und machte sich daran, das Haus zu erkunden.

Viel Interessantes entdeckte sie nicht. Ein Zimmer war langweiliger als das andere. Nichts als riesige alte Möbel, scheußliche Vasen und Fotos von düster dreinblickenden Leuten.

Aber gerade, als sie das Treppengeländer wieder runterrutschen wollte, hörte sie es. Ein Krächzen. Ganz deutlich.

Alexa lauschte. Da! Da war es schon wieder.

Leise schlich sie an den Türen entlang.
Das Krächzen wurde lauter.

Alexa öffnete die letzte Tür und da war er. Ein grauer Nymphensittich. Traurig hockte er in einem viel zu kleinen Käfig. Seine Frisur war zerrupft und sein Gefieder sah aus, als hätte er sich seit Wochen nicht geputzt.

„Hallo!", sagte Alexa. „Du siehst aber schlimm aus."

Der Sittich legte den Kopf schief und
guckte sie an.

Alexa begutachtete den Käfig. „Dein
Futternapf ist ja ganz leer! Und dein
Wasser. Igitt! Das ist ja total voll
gekackt."

Mit einem Ruck hob Alexa den Käfig
von dem Tischchen, auf dem er stand,
und schleppte ihn die Treppe runter.

Rums! stieß sie die Wohnzimmertür auf.

„Wem gehört der?", fragte sie.

Erschrocken drehten die Erwachsenen
sich um. Tante Irmtraud fiel die Torte von
der Kuchengabel.

„Ach der!", sagte Onkel Berthold mit
vollem Mund. „Der hat meiner Schwester
Elsbeth gehört. Nichts als Dreck und
Krach macht er. Aber irgendwer musste
sich ja um ihn kümmern, als Elsbeth ins
Altersheim zog. Da wollen sie nämlich
keine Viecher."

„Ihr kümmert euch aber gar nicht um
ihn!", rief Alexa. „Er hat kein Futter. Sein

Wasser ist voll gekackt und außerdem ist er ganz allein. Das find ich eine Gemeinheit."

„Alexa!", sagte Papa. „So redet man doch nicht mit Erwachsenen."

Alexa kniff die Lippen zusammen.

„Bring den Vogel wieder dahin, wo du ihn gefunden hast", sagte Papa und goss sich noch eine Tasse ein.

Alexa rührte sich nicht. „Wie heißt er?", fragte sie.

„Kalif", sagte Tante Irmtraud. „Elsbeth hatte eine Vorliebe für die Märchen aus Tausendundeiner Nacht."

„Kalif!" Alexa guckte den Nymphensittich an. „Ich werde ihn mitnehmen."

„Was?", fragte Mama erschrocken. „Um Gottes willen, Alexa. Was willst du denn mit diesem Vogel?"

„Ich werd mich um ihn kümmern", sagte Alexa. „Er sieht furchtbar traurig aus. Merkt ihr nicht, wie seine Frisur runterhängt? Er ist einsam. Ich nehm ihn mit."

„Aber, aber!" Mama tupfte sich den Mund mit ihrer Serviette ab. „Das geht doch nicht."

„Also, meinetwegen kann sie das Vieh mitnehmen", brummte Onkel Berthold. „Ich bin froh, wenn ich das ewige Gekrächze nicht mehr hören muss."

„Ja, und überall diese Federn!" Tante Irmtraud seufzte. „Wenn das Kind ihn haben will. Bitte."

So kam Alexa zu einem Vogel.
Schon im Auto fing Kalif an sich zu putzen. Und nach zwei Tagen sah seine Frisur prächtig aus. Alexa vergaß nie ihn zu füttern. Nach der Schule nahm sie ihn auf die Hand, kraulte seinen Kopf und unterhielt sich mit ihm. Ja, und zu Weihnachten schenkte sie ihm einen Freund. Damit er nicht so einsam war, wenn sie in der Schule saß.

Der Fliegenfreund

Sophies Onkel Albert war der einzige Mensch, den sie kannte, der Fliegen mochte.

Onkel Albert liebte Fliegen. Wenn sich eine auf seine Nase setzte, scheuchte er sie nicht weg, wie alle andern das tun. Nein, Albert schielte auf sie hinunter und lächelte.

„Sieh nur", sagte er dann zu Sophie. „Wie anmutig sie ihre Flügel putzt. So gelenkig möchte ich auch mal sein."

Endlos lange konnte er so dasitzen und auf die Fliege schielen. Sophies Mutter machte das manchmal so nervös, dass sie die Fliege wegscheuchte.

„Och!", sagte Onkel Albert dann enttäuscht. „Jetzt hast du sie erschreckt. Ich weiß gar nicht, was ihr alle gegen Fliegen habt. Es sind doch wirklich ganz erstaunliche Wesen. Könnt ihr etwa die Wände hochlaufen? Na bitte."

Onkel Albert versuchte zweimal, die Wände hochzulaufen. Aber so was machte er nicht vor den anderen

Erwachsenen. So was tat er nur, wenn Sophie dabei war. Leider klappte es nicht.

„Tja, vielleicht im nächsten Leben!", seufzte er. „Vielleicht werde ich ja als Fliege wieder geboren. Wenn man sich so etwas ganz fest wünscht, dann klappt es auch."

Sophie war sich da nicht so sicher. Aber sie mochte Onkel Albert sehr. Sie mochte ihn sogar fast ein bisschen lieber als alle anderen Erwachsenen.

Zu seinem vierzigsten Geburtstag

schenkte Sophie ihm ein Fliegenbild, das sie selbst gemalt hatte. Sechsundsiebzig Fliegen waren da drauf – ungefähr zumindest. Albert freute sich schrecklich. Er hängte das Bild über seinen Schreibtisch. Und sofort setzte sich eine echte Fliege drauf.

„Na bitte!", sagte Onkel Albert. „Du wirst später bestimmt mal eine große Malerin, Sophie."

Und dann setzte er sich an seinen Schreibtisch und betrachtete die Fliege. Die Fliege und das Bild von Sophie.

Grizzlys neuer Zweibeiner

Seit drei Tagen war Grizzly im Tierheim.
  Sein Zweibeiner hatte ihn ins Auto springen lassen und er war so dumm gewesen auch noch mit dem Schwanz zu wedeln. Weil er dachte, dass sie zum Spazierengehen in den Wald fuhren. Irrtum!
  Sein Zweibeiner hielt vor einem sehr beunruhigend riechenden Gebäude an, drückte einer wildfremden Frau Grizzlys Leine in die Hand und fuhr weg. Er fuhr einfach weg.
  Wenig später steckte Grizzly in einem engen Zwinger. Neben einem Boxer, der ihn durchs Gitter anknurrte und nach

Ärger roch. Nachdem Grizzly sich heiser gebellt hatte, was leider überhaupt nichts half, rollte er sich in einer Ecke zusammen und wartete.

Er fraß nichts und er schlief kaum. Aber sein Zweibeiner kam nicht zurück.

Und irgendwann wusste Grizzly, dass er nie wieder kommen würde. Und dass es nur eine Chance gab, aus diesem scheußlichen Zwinger zu kommen. Grizzly musste sich so schnell wie möglich einen anderen Zweibeiner suchen. Aber wie?

Es kamen oft Menschen an den Zwingern vorbei, ganz verschiedene. Dicke, dünne, kleine und große. Mit hohen und tiefen, lauten und leisen Stimmen. Und mit den verschiedensten Gerüchen.

Grizzly beobachtete sie genau von seiner Ecke aus. Und irgendwann begriff er, dass sie alle einen Hund suchten.

Na, wunderbar! Er brauchte einen neuen Zweibeiner. Und die da wollten einen Hund.

Aber diesmal musste er sich ein besseres Exemplar aussuchen. Bloß nicht wieder so einen Verräter.

Aber wie erkannte man die echten Hundefreunde? Mit der Nase natürlich. Und an der Stimme, die Stimme war auch wichtig. Manche Menschen hatten so abscheuliche Stimmen, dass einem die Ohren davon schmerzten.

Also machte Grizzly sich an die Arbeit. Bei jedem Menschen, der in seinen Zwinger guckte, spitzte er die Ohren und schnupperte. Aber es war gar nicht so einfach, den richtigen Zweibeiner heraus-zufischen. Bei manchen schmeichelte die Stimme seinen Ohren, aber dafür rochen sie nicht gut. Bei anderen wieder stimmte der Geruch, aber die Stimme ließ Grizzly zusammenzucken.

Nur zweimal gab er sich die Mühe, ans Gitter zu laufen, die Brust rauszustrecken und zu lächeln. Aber beide Male gingen die Zweibeiner weiter und befreiten einen

anderen Hund aus seinem Zwinger.
Sehnsüchtig guckte Grizzly ihnen
hinterher.

   Eine Woche verging. Draußen kam der
Herbst. Welke Blätter wehten in die
Zwinger. Regen fiel vom grauen Himmel.
Die Welt war so traurig, dass Grizzly nicht
mal die Augen öffnen wollte.

Da strich ihm plötzlich ein wunderbarer Geruch um die Nase. Und eine leise, kleine Stimme rief: „He, Dicker! Du da, Strubbelkopf. Komm doch mal her!"

Grizzly hob den Kopf von den Pfoten.

Ein Junge stand vor dem Zwinger und presste sein Gesicht an das Gitter. Hinter ihm standen zwei große Zweibeiner.

Grizzly sprang auf. Schwanzwedelnd lief er auf den wunderbar riechenden kleinen Menschen zu. Er drückte seine kalte Nase durch das Gitter, schnupperte und lächelte sein schönstes Hundelächeln.

„Aber wir wollten doch eigentlich einen kleinen Hund", sagte einer von den großen Zweibeinern.

So gut wie der kleine Mensch rochen die beiden nicht. Aber es war auszuhalten.

„Ich finde, er ist genau richtig", sagte der Junge. „Den will ich haben. Bitte!" Er schnalzte Grizzly zu und ließ ihn an seiner Hand schnuppern. Am liebsten

54

hätte Grizzly ihm die Finger geleckt, aber er kam mit der Zunge nicht durchs Gitter.

„Pass auf!", sagte ein großer Zweibeiner. „Vielleicht ist er bissig!"

„Ach was!" Der Junge hüpfte aufgeregt vor dem Gitter herum.

Grizzly wedelte immer heftiger mit dem Schwanz. Zu bellen traute er sich nicht. Das mochten Zweibeiner nicht. So viel wusste er noch von seinem alten Zweibeiner.

„Ich heiße Max", sagte der Junge. „Und du?"

Grizzly spitzte die Ohren und legte den Kopf schief.

„Er heißt Grizzly", sagte ein großer Zweibeiner. „Jedenfalls steht das auf dem Zettel an seinem Zwinger. ‚Sechs Monate alt, kinderlieb, bleibt auch mal allein zu Hause.' Na also, das hört sich ja nicht schlecht an."

Grizzly merkte, dass es ernst wurde. Furchtbar ernst.

Er setzte sich, streckte die Brust raus und lächelte um sein Leben.

„Was meinst du?" Die großen Zweibeiner tuschelten miteinander.

Dann beugten sie sich vor und musterten Grizzly von oben bis unten.

„Also gut!", sagte schließlich der eine. „Du sollst ihn haben."

Da hüpfte Max vor Freude vor dem Zwinger herum. Er klatschte in die Hände und lachte. Wunderbar klang das.

Als Grizzlys Zwingertür endlich aufgeschlossen wurde, warf er seinen neuen kleinen Zweibeiner vor lauter Freude fast um.

Am Abend schlief Grizzly neben Max' Bett auf einer Decke. Aber als es draußen dämmerte, kletterte Grizzly ganz, ganz vorsichtig auf das Bett und legte seine Schnauze auf den Bauch des kleinen Menschen.

Davon wachte Max auf. „Morgen, Grizzly!", murmelte er und kraulte ihn hinter den Ohren.

Da war Grizzly so glücklich wie noch nie in seinem ganzen Hundeleben.

Cornelia Funke wurde 1958 in Dorsten/Westfalen geboren. Nach dem Abitur studierte sie Pädagogik und arbeitete dann mit vielen wilden Kindern auf einem Bauspielplatz in einem Hamburger Neubauviertel. Zusätzlich studierte sie an der Fachhochschule für Gestaltung Buchillustration. 1987 machte Cornelia Funke sich selbstständig und schreibt und illustriert seitdem Kinderbücher.

Leselöwen

Jede Geschichte ein neues Abenteuer